AF337718

APPEL

AUX CHRÉTIENS

DE

TOUTES LES COMMUNIONS

Se vend 2 francs

AU PROFIT DE L'ALLIANCE CHRÉTIENNE UNIVERSELLE

PARIS

AU BUREAU DE L'ALLIANCE

RUE DE LA MONNAIE, 10

1855

Paris. — Imprimerie de Gustave Gratiot, 30, rue Mazarine.

APPEL

AUX CHRÉTIENS

TOUTES LES COMMUNIONS

Trois grandes communions se partagent le monde chrétien :

L'Église catholique-apostolique-romaine,

L'Église grecque,

L'Église protestante.

Chacune d'elles diffère des deux autres par son origine, ses prin-cipes, ses dogmes, son sacerdoce, son culte ;

Et chacune d'elles renferme dans son sein des éléments cachés ou éclatants d'antagonisme, de discorde.

Cependant, deux tendances opposées se manifestent de toutes parts à l'heure où nous sommes :

D'un côté, les anciennes querelles qui, durant des siècles, ont enfanté dans la chrétienté tant de guerres, et fait répandre tant de larmes et tant de sang, se réveillent et se raniment de telle sorte qu'en chaque Église on voit avec étonnement d'ardents sectateurs, adorateurs du passé, insurgés contre le présent, affirmant toujours que hors de leur culte il n'y a point de salut, et tout prêts encore à en acheter le triomphe au prix des mêmes luttes, des mêmes sacrifices, des mêmes calamités.

D'un autre côté, les sentiments humains se répandent, la tolérance gagne les mœurs, les barrières s'abaissent, les hommes se rapprochent, l'esprit d'union et de fraternité souffle, et dans chaque Église aussi on rencontre avec joie et toujours plus nombreux des chrétiens, amis de la paix, qui soupirent ardemment après la victoire non de telle ou telle forme de religion, mais de la religion elle-même.

Le moment est solennel.

Si les premiers l'emportent, le monde sera de nouveau fatalement jeté dans toutes les horreurs des guerres religieuses ;

Au contraire, si les autres triomphent, nul ne saurait dire jusques à quel période de grandeur et de prospérité l'humanité pourra s'élever par cette nouvelle et vivifiante effusion du pur christianisme.

On n'ignore pas les efforts suprêmes tentés de nos jours par les partisans exclusifs soit de l'Église romaine, soit de l'Église grecque, soit des Églises luthériennes et calvinistes.

Il serait temps de réunir en faisceau les sentiments, jusqu'à ce jour épars, des chrétiens de toute dénomination, qui se rappellent la belle parole de Fénelon : « J'aime mieux ma famille que moi, mon pays plus que ma famille, le genre humain plus que mon pays, » et qui préfèrent les intérêts généraux et permanents de l'Église universelle aux petites et passagères conquêtes de la secte dont ils portent le nom.

Il existe une vaste association exclusivement consacrée à *la Propagation de la foi catholique, apostolique et romaine.*

On a fondé une société grecque orientale pour l'*immuable con-servation de tous les dogmes de l'Église, et de tous les anciens usages et formules particuliers à chaque rite.*

Enfin, dans les communions protestantes, il a été établi, depuis quelques années, une *Alliance évangélique* sur le fondement de *la foi orthodoxe*, telle que l'ont formulée les réformateurs du seizième siècle.

Nous en proposons une autre plus orthodoxe, plus évangélique, plus apostolique, plus catholique, plus chrétienne, ce nous semble, ayant uniquement pour principe et pour but, sans distinction de culte ni de nationalité :

1° L'AMOUR DE DIEU, CRÉATEUR ET PÈRE DE TOUS LES HOMMES,

2° L'AMOUR DE TOUS LES HOMMES, CRÉATURES IMMORTELLES ET ENFANTS DE DIEU,

3° L'AMOUR DE JÉSUS-CHRIST, FILS DE DIEU ET SAUVEUR DES HOMMES.

N'y a-t-il pas là l'essence de la religion en général ?

N'est-ce pas la doctrine de Jésus-Christ ?

Ne sont-ce pas les principes fondamentaux de l'Évangile ?

Et, au fond, n'est-ce pas sommairement le dogme, la morale, le culte admis et reconnu par toutes les communions chrétiennes ?

Or, pourquoi les membres de ces communions, renonçant enfin à des divisions fatales, inhumaines, impies, au sujet de points particuliers et secondaires, ne se rangeraient-ils pas franchement sous cette divine bannière ? Pourquoi ne se considéreraient-ils pas réciproquement, ne s'uniraient-ils pas, ne s'aideraient-ils pas comme enfants du même Père, disciples du même Maître, héritiers du même ciel ?

Chrétiens ! catholiques, grecs, protestants, au lieu d'épuiser vos forces en luttes stériles, concentrez-les et réunissez-les pour un travail fécond, dans le vaste champ où le Seigneur vous appelle :

AIMER DIEU,

AIMER LES HOMMES,

AIMER JÉSUS-CHRIST,

Voilà le terrain qui vous est commun ; venez-y cordialement travailler ensemble et persuadez-vous que de toutes les grandes choses qui ont été faites ou qui se feront dans ce siècle, celle à laquelle nous vous convions n'aura pas été la moins grande, la moins utile, la moins sainte.

MARTIN-PASCHOUD.

Alliance chrétienne universelle.

ALLIANCE CHRÉTIENNE UNIVERSELLE

I

Quelle voix sacrilége avait dit que la terre
Chez les hommes toujours verrait régner la guerre ;
Que la dispute, au front de serpents couronné,
S'attacherait sans cesse à la pensée humaine,
Et qu'à la discorde, à la haine,
Ce monde pour jamais était abandonné ?

Quoi ! toujours élever quelque barrière impie !
Souffler incessamment sur la cendre assoupie
Des haines que le temps éteignait dans les cœurs !
Se coucher tout armé du glaive des batailles,
Ne rêver que de représailles
Et ne se réveiller que vaincus ou vainqueurs !

Pourquoi? parce qu'on est de Genève ou de Rome ;
Parce que de nos cœurs, vers le céleste dôme,
La prière s'élève en langage divers ;
Parce que l'on se fait, en lui rendant hommage,
Une imparfaite image
Du Dieu que ne saurait comprendre l'univers !

Parce qu'on est de Paul, d'Apollos ou de Pierre ;
Parce que sur les plis de l'auguste bannière
Que Jésus déploya pour le salut de tous,
Chacun ne veut placer que son propre symbole,
L'un le livre de la Parole,
L'autre le Crucifix qu'il adore à genoux !

O frères aveuglés ! disciples infidèles !
Portez aux pieds du Christ vos haines criminelles,
Unissez-vous en lui par un vivant lien,
Et déposant les noms orthodoxe, hérétique,
Grec, protestant ou catholique,
Aspirez par l'amour au beau nom de chrétien.

Il est passé le temps des luttes insensées
Où chacun ne voyait dans ses propres pensées
Que ce qui s'éloignait du sentiment commun ;
Soyons unis en Christ ; que rien ne nous sépare,
    En Christ, plus de grec, de barbare,
D'esclave, ni de libre : en Christ, nous sommes un.

Pour les faire oublier ces jours de défiance
Et de lutte, formons une étroite alliance
Dans une foi commune au commun Rédempteur ;
Sainte ligue où l'amour sera la loi suprême,
    Où nul ne vivant pour soi-même,
Tous vivront pour aimer Dieu, l'homme et le Sauveur.

II

    T'aimer, toi, mon Dieu, toi, mon père ;
    Toi, qui, sans te lasser jamais,
    Verses chaque jour à la terre
    Et ta lumière et tes bienfaits ;

Toi dont la main féconde épanche
Aux forêts le feuillage vert,
Aux lis des champs leur robe blanche,
Leur pâture aux oiseaux de l'air;

Toi dont le regard à l'aurore
Donne ses rayons et ses pleurs,
Parfume, mûrit et colore
Les fruits, les moissons et les fleurs.

T'aimer, toi, mon Dieu, toi, mon père,
Qui, voulant m'appeler au jour,
Préparas le cœur de ma mère
Pour m'entourer de son amour;

Toi qui, sur mes jeunes années,
Répandis un charme si pur,
Que je les vois toujours ornées
De lumière, d'or et d'azur;

Amour de Dieu.

Toi qui protégeas ma faiblesse,
Qui fus mon guide et mon soutien,
Et chaque jour à ma détresse
Dispensas le pain quotidien;

Toi qui d'un rayon de ton être,
Mis en moi le reflet divin,
Et qui voulus me faire naître
Presque l'égal du séraphin.

T'aimer, toi, mon Dieu, dont mon âme
A reçu comme un triple sceau,
Comme une triple et sainte flamme
L'amour du vrai, du bien, du beau;

Toi devant qui le ciel, à peine
Conserve quelque pureté,
Toi, la majesté souveraine,
Et la souveraine beauté;

Toi de qui le soleil lui-même
Ne pourrait voiler la splendeur,
T'aimer, c'est le devoir suprême,
Et c'est le suprême bonheur !

Aussi, parle, ordonne, dispose !
La croix même me rend heureux !
Sur ta bonté je me repose !
Tout ce que tu veux, je le veux !

III

Notre Père !... ô doux mot ! ô parole sacrée !
Dont l'oreille est ravie et l'âme pénétrée !
Notre Père !... ce nom nous le lui donnons tous,
Car tous les fronts humains, où son image brille,
Sont ses enfants, sont sa famille ;
Pour aimer ses enfants, chrétiens allions-nous.

Amour de Jésus-Christ.

Après les chœurs d'anges par millions
Gethsémané, le Cédron solitaire !
Après le Ciel, la crèche et le Calvaire !
    Oui, oui, nous t'aimerons !

Tu l'accomplis ce fatal sacrifice,
Pour nous sauver tu bois l'amer calice
Où le péché distilla ses poisons ;
Et quand ton front fléchit sous l'horrible couronne
    Pour tes bourreaux tu dis à Dieu : Pardonne !
    Oui, oui, nous t'aimerons !

O triple et saint amour, que vos divines flammes,
Régénérant nos cœurs et réchauffant nos âmes
Nous amènent captifs, tous, au pied de la croix !
Et lorsque le Sauveur, qui nous rend à la vie,
A vivre pour aimer lui-même nous convie,
    Que nul ne soit sourd à sa voix.

Écoutez, écoutez, frères, il nous appelle,
Et, penché plein d'amour de la voûte éternelle,

Il abaisse vers nous son regard et sa main ;
Saisissons-la, marchons, que rien ne nous retienne,
Formons l'Alliance chrétienne
Et vivons pour aimer Dieu, Christ et le prochain !

F. VIDAL

Paris. — Imprimerie de Gustave GRATIOT, rue Mazarine, 30.

Ses enfants!... ils le sont ces princes de la terre,
Ces grands dont la splendeur éblouit le vulgaire,
Mais qui pleurent pourtant au sein de leurs palais;
Sur ces hauteurs où tout peut leur tourner à piége,
Où la foudre menace, où le mal les assiége,
        Ils sont nos frères, aimons-les !

Et ces infortunés dont la triste existence
N'est souvent ici-bas que crime et que souffrance ;
Pauvres galériens qui traînent leurs boulets,
Indigents dont la faim connaît bien les demeures,
Dont le soleil jamais ne vient dorer les heures,
        Ils sont nos frères, aimons-les !

Ils le sont ces esprits que le génie inspire,
Qui parlent sur la toile, ou chantent sur la lyre,
Aux arts, à la science arrachent leurs secrets;
Élargissent le vol de la pensée humaine,
Et de l'intelligence étendent le domaine,
        Ils sont nos frères, aimons-les !

Et ces petits aussi, dont la raison bornée
Est dans un cercle étroit toujours emprisonnée,
D'absurdes préjugés porte les lourds filets,
Du soleil de l'esprit ignore la lumière
Et se traîne à pas lents dans une obscure ornière,
      Ils sont nos frères, aimons-les!

Ils le sont ces heureux que sa bonté propice
Réchauffe aux purs rayons du soleil de justice;
Qui, recevant de lui le plus grand des bienfaits,
Sont lavés, par la foi, dans les eaux de la grâce
Et dont Jésus au ciel marque déjà la place,
      Ils sont nos frères, aimons-les!

Et ceux-là même qui, privés de sa parole,
Rendent un culte impur à quelque impure idole,
Servent le Grand Esprit, Manitou, Teutatès,
Tremblent au seul regard d'un bonze ou d'un derviche,
Ou se courbent devant un stupide fétiche,
      Ils sont nos frères, aimons-les!

Amour des Hommes

Juifs ou Samaritains, aux bords où naît l'aurore
Ou près des flots plus doux que le couchant colore,
Qu'ils hantent les cités, les déserts, les forêts,
Que le midi les brûle ou que le nord les glace,
Blancs, ou noirs, ou cuivrés, les hommes sont sa race,
Tous sont nos frères, aimons-les !

IV

Aimons-les ! aimons-les ! riches de leur richesse,
Et de leur pauvreté pauvres, mêlons sans cesse
Notre joie à leur joie et nos pleurs à leurs pleurs ;
Et pour les consoler, les aider, les instruire,
Efforçons-nous de les conduire
A celui dont l'amour a porté nos douleurs.

A qui l'ignore encore annonçons sa Parole !
Que les pécheurs partout, de l'un à l'autre pôle,

Apprennent du salut le message si doux ;
Et puisqu'il a des cieux pour nous ouvert l'entrée,
Tous sous sa bannière sacrée,
Pour l'aimer ici-bas, chrétiens, allions-nous !

Nous t'aimerons, ô Sauveur de nos âmes,
Toi dont l'amour aux immortelles flammes,
Du haut des cieux rayonna sur nos fronts,
Toi qui, pour nous, revêtis la misère,
O Fils unique et bien-aimé du Père,
Oui, oui, nous t'aimerons !

Harpes des cieux aux douces harmonies,
Trône de gloire aux splendeurs infinies,
Sainte auréole aux immortels rayons,
Alleluia des célestes phalanges,
Tu laisses tout, saint monarque des anges,
Oui, oui, nous t'aimerons !

Tant de grandeur et puis tant de bassesse !
Tant de misère après tant de richesse !